P.

Y. 5492.
M p.

Ye   9936

BOILEAU,

A
M. DE VOLTAIRE.

Exoriare aliquis nostris ex ossibus ultor. (Virg. Æneid. lib. IV.

(Par J.-M.-B. Clément)

M. DCC. LXXII.

AVERTISSEMENT.

M. de Voltaire, très-hardi contre les Morts, & contre ceux qui ne peuvent pas se défendre, en adressant une Epître injurieuse à Boileau, ne s'attendoit guére à une Réponse. Cependant la voici. Peut-être cette Réponse lui fera-t'elle quelque peur des Revenans, & le dégoutera de faire le Fanfaron avec les mânes des Corneille, des Boileau, des Crébillon, &c.

Si nous vivions dans un Siécle moins lâche que le nôtre, où l'esprit & le goût fussent moins corrompus, plusieurs Plumes auroient brigué l'honneur de venger Despréaux des pasquinades dont on ose barbouiller son tombeau ; & on ne l'auroit pas réduit à se défendre lui-même.

Mais son ombre insultée, ayant porté ses regards parmi nous, n'y a vu, d'un côté, que la foule de ses détracteurs, aussi nombreux que la foule des sots ; de l'autre, le petit nombre éclairé de ses admirateurs, qui, pusillanimes & sans courage, n'ont point osé se présenter en lice pour lui, contre un homme justement admiré de son Siécle à plusieurs égards, & justement détesté à beaucoup d'autres ; qui n'est jamais plus à craindre que quand il a tort ; qui a toujours repouſſé la raiſon par les injures ; & qui, n'ayant pas le talent de la bonne plaiſanterie, fait rire au moins, comme le Singe, par ſes grimaces & ſa malignité.

Deſpréaux s'eſt donc élevé lui-même pour repouſſer la main qui eſt venu remuer ſa cendre ſatirique : il n'a pas cru que l'immenſe réputation de ſon adverſaire dût lui en impoſer ; ni qu'il dût s'effraier de ſes quolibets. Il a même jugé qu'il étoit d'autant plus à propos de faire parler avec force la raiſon & le bon ſens ; que ſon ennemi paroît mettre ſa plus grande adreſſe à eſquiver l'un & l'autre. Il n'a pas, pour cela, négligé la raillerie, ni le ſel de la ſatire, quand il s'eſt trouvé ſous ſa main : mais il s'eſt bien douté que l'enjouement délicat de la raiſon égaieroit difficilement des eſprits accoutumés au rire amer, & aux contorſions du Farceur. Il ſera trop content d'avoir amuſé les honnêtes gens, en vengeant la vérité, le goût & les mœurs ; & ſi ce ſujet paroît trop ſérieux à de certaines perſonnes, il laiſſera M. D. V. donner la farce au petit peuple, aux dépens de tout ce qu'il y a d'honnête & de ſacré parmi les hommes. Nous ne dirons rien de la Poëſie ni du ſtile de cet Ouvrage. C'eſt au Public à voir s'il pourra reconnoître Boileau dans ſon ombre.

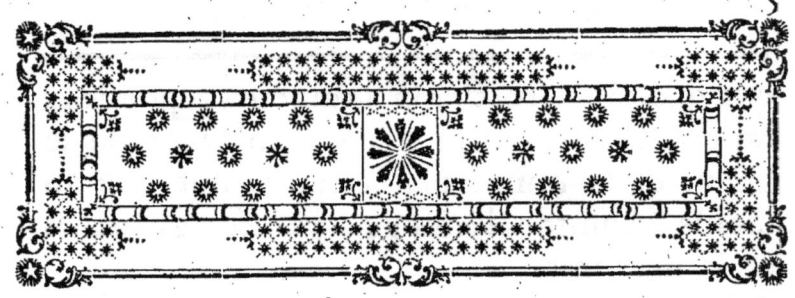

ÉPÎTRE
DE BOILEAU,
A M. DE VOLTAIRE.

Exoriare aliquis noſtris ex oſſibus ultor. (Virg. Æneid. lib. IV.)

VOLTAIRE, Auteur brillant, léger, frivole & vain,
(a) Zoïle de Corneille, & flatteur de S****,
Qui, ſans ceſſe affectant de blâmer la ſatire,
As vaincu l'Arétin maître en l'art de médire :
A quoi bon, d'un eſprit ſi foible à ſon déclin,
Sur un ton familier, moins plaiſant que malin,
En des Vers dépourvus de cadence & de nombre,
Venir apoſtropher & gourmander mon ombre ?

(a) M. D. V. a, quelque part, comparé *Spartacus* aux meilleures Piéces de Corneille. Boileau avoit trop de goût pour commencer cette Épître par une Antithèſe, s'il n'avoit voulu parodier le commencement de celle de M. D. V. dont voici les deux premiers Vers :

Boileau, correct auteur de quelques bons écrits,
Zoïle de Quinaut & flatteur de Louis.

Es-tu donc de complot avec ces Beaux esprits
Qui vont, contre mes Vers, déclamant dans Paris,
Du talent poëtique osent m'ôter la gloire;
Dans le Louvre surpris insultent ma mémoire:
Par un retour sur eux, tendres pour leur prochain,
De Pradon, contre moi, prennent la cause en main;
Et, comptant mes bons mots au rang des plus grands crimes,
De mes assassinats déplorent les victimes;
Tous prêts à me damner, s'ils pouvoient croire en Dieu.
Mais on les voit, pour toi transportés d'un beau feu,
Accueillir, tous les mois, tes Satires nouvelles,
Comme à des jeux d'esprit sourire à tes libelles;
Et d'aise se pâmer, lorsque, du même ton,
Tu viens à bafoüer Jesus-Christ ou F****
Quoi ? sans aucun remords de tes écarts ciniques,
C'est toi qui veux flétrir mes lauriers satiriques ?
Eh bien donc, raisonnons. Car toujours badiner,
Turlupiner, railler, sans jamais raisonner;
C'est imiter le Singe & paier en gambade.
Enfin, sans la Raison, tout bon mot devient fade.
Voyons qui de nous deux, par une sage loi,
A fait de la satire un plus utile emploi.
A l'Ecole du goût formé, dès ma jeunesse,
Sous les maîtres fameux de Rome & de la Gréce;
Amoureux de la gloire & de la vérité,
Mon esprit ne pût voir, sans être révolté,
Sous l'air du Bel esprit, la sottise hardie

Triomphant du mérite, & partout applaudie.
J'en devins l'ennemi. Quoique jeune, inconnu,
Et, contre le torrent, de moi seul soutenu,
Plein de courage, armé d'une sçavante audace,
J'attaque Chapelain, maître alors du Parnasse.
De l'Hôtel Rambouillet l'Oracle & le Héros,
Cotin du mauvais goût assemble les Bureaux ;
Le sifflet à la main, je le poursuis sans cesse.
Le Bouffon démasqué par moi vit sa bassesse ;
Et, non moins ennemi d'un stile trop hautain,
De sa fausse grandeur je fis tomber Lucain.
Des succès de Pradon je fis rougir la scène.
Je dégoûtai Quinaut d'affadir Melpomène ;
Et ses Vers doucereux, à l'Opéra vantés,
Ne pouvant être lus, du moins furent chantés.
Pour mes Maîtres enfin, ma voix criant vengeance,
Terrassa de Perraut l'orgueilleuse ignorance,
Rejettant sur lui-même, avec plus d'équité,
L'affront dont il souilloit la docte Antiquité.
De tout méchant auteur intraitable adversaire ;
Mais aussi du génie admirateur sincère,
Jamais, de mes rivaux bassement envieux,
Au mérite éclatant je ne fermai les yeux.
Aux cabales jamais je ne prêtai l'oreille :
Et, de Racine épris, j'applaudîs à Corneille.
Pour les talens divers plein d'un respect égal,
J'admirois, à la fois, & Moliere & Pascal.
Dès qu'un Astre brillant se levoit, dans notre âge,

En éclairant mes yeux, il obtint mon hommage.
 Si des Sots en faveur, ma Muſe ſe mocquant,
Parſemoit ſes écrits du ſel le plus piquant ;
Pour vaincre des eſprits l'entêtement crédule,
(a) Le vrai pénétre mieux aidé du ridicule.
Aux dépens de mes Sots, les Lecteurs amuſés,
Pardonnoient, en riant, d'être déſabuſés.
Au naïf enjouement je bornai la ſatire.
 M'a-t'on vu, tranſporté de la rage de nuire,
De la haine empruntant le coupable pinceau,
Des mœurs de l'Écrivain faire un affreux tableau ?
Ma plume, ramaſſant l'infamie & l'ordure,
A-t'elle fait, ſur lui, couler la ſale injure ?
Du Poëte ennuyeux cenſurant le travers,
J'épargnai ſon honneur, & je ſiflai ſes Vers.
 Ma Muſe, dans ſes jeux, retenue & ſévère,
Sçut révérer toujours ce qu'il faut qu'on révére ;
Loin d'aller, par des traits d'infernale gaité,
Faire, aux dépens de Dieu, rire l'impiété.—
Mes rimes n'ont jamais allarmé l'innocence.
J'aimai la liberté ; j'abhorrai la licence.
Malin dans mes écrits ; doux, ſimple dans mes mœurs ;
Par l'amour ſeul du vrai, fatal aux ſots rimeurs,
Du mauvais goût, ſur eux, je me faiſois juſtice ;
Et peut-être, par-là, mon utile malice

(a) . . . . *Ridiculum acri*
Fortiùs ac meliùs magnas plerùmque ſecat res. (Horat. Sat. x. lib. 1.)

Soutint le goût naissant, & le fit triompher
Des barbares rimeurs tout prêts à l'étouffer.
Mon Siécle a recueilli les fruits de ma satire.

 Mais toi que, dans ce champ, la jalousie attire,
Qui voudrois des beaux arts voir les derniers débris,
Et toi seul y regner avec tes seuls écrits ;
Ta folle ambition, ta vaine suffisance
Contre les vrais talens arma ta médisance.
De tout mérite obscur protecteur déclaré,
Le Sot qui t'admira par toi fut admiré.
Est-il si bas flatteur, pourvû qu'au haut du Pinde,
Au-dessus d'Apollon, en triomphe il te guinde,
Qui, lui-même, à son tour, dans tes rimes flatté,
Ne reçoive un Brevet pour l'immortalité ?

 Saint L**** qui, pour toi, dégrade les Corneilles,
Te voit prôner ses Vers comme autant de merveilles.
Ce triste Auteur pourtant, dans ses tristes *Saisons*,
Nous fait transir de froid, même aux jours des moissons;
Et, contre la Critique armé d'étrange sorte,
Pour défendre ses Vers, il obtiendra main-forte.

 La H***, à te louer non moins ingénieux,
Appellant ton *Oreste* un chef-d'œuvre des Cieux,
(a) Se promet bien, dans peu, d'être ton Légataire.

(*a*) M. D. V. écrit à tous les jeunes gens, qui veulent bien louer ses plus mauvais ouvrages, qu'il les mettra sur son Testament. Quoique M. D. V. soit très-riche, on ne sçait si sa succession suffira pour tant de legs. On dit qu'il y en a un considérable pour celui qui louera le plus *Oreste*.

On te voit à *Mentor* préférer *Bélizaire*;
Car toujours M***, d'un goût sublime & sain,
A préféré Voltaire à tout; même à Lucain.
Par toi, le mauvais goût voit sa secte affermie
Menaçant d'envahir toute l'Académie.
Tu laisses d'A*** raisonnant de travers,
Aux loix de son compas soumettre l'art des Vers:
Et T***, tout bouffi de son stile hydropique,
Sonner en fanfaron de la trompette épique.
Béverley, sur la scène, entassant les horreurs,
Vient, sans crainte, hurler ses bourgeoises fureurs.
D*** peut, en paix, dans sa sombre folie,
D'un masque larmoyant défigurer Thalie.
Un autre à Melpomène impose un nouveau ton;
Et fait parler *Eustache*, au lieu d'Agamemnon.
Tous, sans rien redouter de ta plaisanterie,
Peuvent du goût François hâter la barbarie:
On te verra, pour eux, quoique à médire enclin,
Complaisant & discret, applaudir même à Blin.
On te verra brûler ton encens pour D*****,
Dont le Vers sec & froid vient nous montrer Virgile,
De tout son or antique, avec soin, dépouillé,
Et de clinquant François galamment habillé.

 Quiconque est sans génie est sûr de ton suffrage.
Mais malheur à celui dont ton orgueil s'ombrage;
Il n'éblouira pas tes yeux impunément.

 Avec quelle furie, & quel acharnement,

Tu voulois déchirer la Couronne superbe,
Que l'illustre Rousseau partage avec Malherbe !
Par combien de noirceurs, tes Vers calomnieux
Se flattoient d'étouffer un Nom trop glorieux !
Et même, en son tombeau, sur sa cendre immortelle,
Chaque jour, tu vomis ta rage criminelle :
Comme si tes fureurs, qui ne respectent rien,
Pouvoient déshonorer d'autre nom que le tien !
Des Morts les plus fameux tu vas souiller la gloire.
Sous couleur d'illustrer Corneille & sa mémoire,
(*a*) Tu viens, loueur perfide, & Scudéri nouveau,
Gloser malignement sur l'endroit le plus beau ;
Le dégrader par-tout de sa hauteur divine,
Ravaler, à dessein, le Rival de Racine ;
Prêt à mettre à tes piés Racine & son Rival.
Rien ne te fut sacré. Bourdaloue & Pascal,
Bossuet, Fénélon, La Fontaine & moi-même ;
(Car la Postérité, notre Arbitre suprême,
M'accorde ici le droit de me nommer comme eux.)
Tous méritoient ta haine ; ils étoient trop fameux :
Et ta présomption téméraire, insensée,
Croioit voir, par toi seul, leur grandeur éclipsée.

   Toutefois, d'une main, frappant ces Immortels,
De l'autre, pour Perrault, tu dressois des autels.

(*a*) Scudéri fit, comme on sçait, des remarques sur le Cid, pour le dénigrer. M. D. V. en a fait, comme on sçait, sur toutes les Piéces de Corneille, pour les dénigrer.

Sur Quinaut, diſſipant l'erreur qui nous abuſe,
Tu relevois ſa molle & languiſſante Muſe ;
Et ce Temple, qu'un jour ton goût avoit conſtruit,
(a) Vit inſtaller Lamotte & Malherbe éconduit.
Du mérite éminent détracteur & faux juge,
La médiocrité trouve en toi ſon refuge.

Dans ce nombre effrayant d'auteurs, dont les écrits
Menacent, chaque jour, de noyer tout Paris,
Et vont, par des torrens de faux goût, d'ignorance,
Dans une nuit barbare enſévelir la France ;
A qui de ta ſatire as-tu lancé les traits ?

A ceux qui, du bon ſens vengeant les intérêts,
Tâchoient de rappeller ſur leurs traces fidelles,
Le vrai goût délaiſſé pour de honteux modéles,
Et de qui le génie, encor ferme aujourd'hui,
Aux beaux arts chancelans prête un dernier appui ;
Au mâle Crébillon, ton Rival ; & peut-être,
Malgré tous ſes défauts, ton Vainqueur & ton Maître :
(b) A cet eſprit profond & brillant à la fois,
Peintre aimable de Gnide, & l'Oracle des loix :
Au ſublime Buffon : au vertueux Racine (c)

(a) Dans le *Temple du Goût*, qu'aucuns ont nommé le *Temple du mauvais Goût*, on ne rencontre point Malherbe, le reſtaurateur de la Poëſie Françoiſe ; mais, en ſa place, on voit Lamotte, auſſi décrié maintenant par les gens de goût, qu'il avoit été prôné & exalté, durant ſa vie, par les ennemis du grand Rouſſeau.

(b) M. de Monteſquieu.

(c) M. Racine le fils, Auteur du Poëme de *la Religion*, Poëme rempli des plus beaux morceaux de Poëſie qu'on ait faits dans notre Siécle.

Rare & digne soutien d'une illustre origine :
Au Poëte élégant qui, sur la scène en pleurs,
Fit gémir de *Didon* l'amour & les douleurs :
(*a*) A ce Chantre léger, dont les sons, pleins de graces,
Ont d'un oiseau causeur illustré les disgraces.

Si tes Vers, plus remplis de haine que de sel,
Sur l'enjoué Piron n'ont point jetté leur fiel,
Tu craignois l'Épigramme à le servir si prompte,
Qui peut rimer encor vingt bons mots sur ton compte.
De tous ceux, dont la gloire irrite ton courroux,
Et fait darder contre eux ton aiguillon jaloux ;
(*b*) L'éloquent Génevois, de ta dent acharnée
A le plus ressenti l'atteinte empoisonnée.
Car ton esprit, sans frein dans ses jeux médisans,
Ne sçait point se borner aux traits fins & plaisans
D'un bon mot, qui nous pique & jamais ne déchire,
Fait naître sur la bouche un innocent sourire,
Et d'un front sourcilleux désarme la rigueur.
Tes traits veulent porter la plaie au fond du cœur.
Ta Satire, livrée à l'aveugle licence,
Dans le secret des mœurs, fouille avec impudence,
Et vient en étaler un tableau diffamant.
Le vrai, comme le faux, te plaît également.

(*a*) M. Gresset.

(*b*) Voyez *la Guerre de Genève*, Poëme détestable à tous égards ; où l'on ne retrouve plus rien, de son Auteur, que la rage, le fiel, l'ordure, le mensonge & la méchanceté.

Tu fais arme de tout. L'infâme calomnie
Te soufle son poison, & devient ton génie ;
Et ta plume, féconde en mensonges grossiers,
Noircit, de sa fureur, des volumes entiers.
L'Honneur, la Probité, les Vertus les plus pures
Ne sont point à l'abri de tes lâches morsures.
A ces indignités ton Vers est assorti.
(a) Souvent ton Apollon, en Vadé travesti,
Va, dans les carrefours, sous les treteaux des Halles,
Ramasser un vil tas d'injures triviales,
De sales quolibets, & de plattes horreurs,
Que vomit la Canaille en ses basses fureurs.

Mais c'étoit peu pour toi, joüet de ta démence,
D'outrager le bon sens, les mœurs & la décence,
Des talens, dont toi-même, en secret, tu fais cas ;
De révolter le goût des esprits délicats ;
De laisser, pour flétrir à jamais ta mémoire,
De tes débats honteux la scandaleuse histoire :
Il te falloit encor, Guoguenard criminel,
De tes affreux bons mots faire frémir le Ciel ;
Opposer follement, & railleur ridicule,
A la Raison de Dieu, ta raison incrédule ;
Dans les jeunes esprits semer l'impiété,
Et du nom d'esprit fort nourrir ta vanité.

(a) Voyez ces Recueils de facéties bouffones, & non plaisantes, de M. D. V. sous le nom de *Guillaume Vadé*, de *Jerôme Carré*, &c.

Esprit foible en effet ! Eh ! que veut ta folie ?
Briser le nœud sacré dont Dieu même nous lie,
Oter au Peuple un frein qui le puisse régler,
Au Sage, un doux espoir qui le doit consoler ;
Et, détournant nos yeux d'une heureuse lumière,
Nous plonger, par orgueil, dans une nuit entière.

   Quiconque, se sauvant de la contagion,
Ose ne point rougir de la Religion,
Et repousser les traits de ton audace impie,
Deviendra le martyr de ta Philosophie.
Son esprit, ses vertus, son mérite n'est rien :
(a) C'est un Sot, à tes yeux, si-tôt qu'il est Chrétien.
Tu vas, pour l'accabler de fades railleries,
Épuiser tout le sac de tes bouffoneries ;
Ameuter, contre lui, ce furieux troupeau
Que l'irréligion range sous ton drapeau,
Et qui, dès que son chef lui désigne sa proie,
Au même instant, contre elle, incessamment aboye.

   Mais un esprit vulgaire, en ta Secte aggrégé,
Par toi, se voit soudain en grand homme érigé.
Des Noms les plus pompeux ta Muse l'apostrophe.
O l'esprit lumineux ! le divin Philosophe !
Et ta voix, entonnant sa louange en grands vers,

(a) Comme il auroit été trop dur d'appeller le sublime Bossuet, un Sot, M. D. V. a pris le parti de le faire passer pour un Hipocrite qui ne croioit pas un mot de cette Religion qu'il a prêchée & défendue avec tant de force & d'éloquence.

(a) En fera retentir l'*Echo de tes Déserts*.

Non point qu'en sa faveur l'amitié t'en impose :
Mais il connoît l'intrigue, il servira ta cause ;
Aux femmes, aux enfans, de maison en maison,
Il fait de tes écrits avaler le poison ;
Il voit sa mission en cent lieux applaudie ;
Et convertit les cœurs à l'Encyclopédie.

» Tout beau ! (me diras-tu) va, ce seroit en vain
» Que tu voudrois railler de ce Livre divin.
» Jamais ton siécle entier, si peu philosophique,
(b) » N'eût fait au genre-humain ce présent magnifique ;
» Chef-d'œuvre, où sont unis, avec un art parfait,
» Goût, Génie & Raison, rangés par alphabet.
» C'est-là le grand dépôt de lumière profonde,
» Dont la Philosophie éclaire enfin le monde.
» Que les yeux sont ouverts ; & les esprits changés !
» De vices & d'erreurs que nos cœurs sont purgés !
» Formé par notre exemple, instruit par nos maximes,
» Que notre siécle est grand ! Que de vertus sublimes !

(a) Ces Vers font allusion à ceux-ci d'une Épître de M. D. V.

Les Échos des rochers qui ceignent ce Désert,
Répétent après moi le nom de d'Alembert.

(b) M. D. V. & toute sa Secte ne cesse de dire que le Siécle dernier étoit un Siécle pusillanime & sans lumières ; où personne, excepté Perraut, n'auroit été capable de faire une seule page de l'Encyclopédie. N'est-ce pas avouer, avec beaucoup d'adresse, que l'on n'a d'autre ambition que celle d'être des Perrauts ? N'envier qu'un homme aussi médiocre à un Siécle fertile en si beaux génies, n'est-ce pas prouver ce que l'on est ?

Comme

» Comme on voit triompher la sagesse & les mœurs!
» Comme l'*Humanité* raproche tous les cœurs!
» De nobles sentimens que notre ame est nourie!
» Et combien nous aimons l'honneur & la Patrie!
» Mais qu'importe, après tout, qu'on ait des mœurs ou non!
» J'ai fait croître ma secte à l'ombre de mon nom.
» Partout germe le grain de la Philosophie.
» Sous les glaçons du Nord, il pousse & fructifie.
» Peuples & Potentats; tout est à nos genoux.
» Chacun ne voit, n'entend, ne jure que par nous.
» Je vois, je vois qu'enfin tout prend une autre face.
» Toute Religion à notre voix s'efface.
» Il faut (& D**** déja me le promet.)
» Qu'on ne distingue plus Jesus de Mahomet.
» J'éteindrai des enfers les flammes effroyables.
(a) » S'ils ont des préjugés, j'en guérirai les Diables.
» Tout homme n'aura plus que sa raison pour loi.
» Pour former sa raison, on n'aura plus que moi.
(b) » J'ai déja des Martyrs, ainsi que des Apôtres.

(a) Ceci est une parodie de ces Vers de l'Épitre de M. D. V. à Boileau.

  Tandis que j'ai vécu, l'on m'a vu hautement
  Aux Badauts effarés *dire mon sentiment*.
  Je le veux dire encor dans les Royaumes sombres;
  S'ils ont des préjugés, j'en guérirai les ombres.

(b) On sçait la malheureuse avanture des Jeunes gens d'Abeville.
  A la fin, tous ces jeux, que l'Athéisme éleve,
  Conduisent tristement le Plaisant à la Gréve.

» Sur les Autels détruits, on bâtira les nôtres.
» Je veux, au lieu de Dieu, regner dans les esprits;
(a) » Et que, pour Evangile, on n'ait que mes Écrits. »

Que dire, à cet excès d'affreuse extravagance,
O Voltaire!.. Et c'est toi qui, gonflé d'arrogance,
D'une honnête Satyre oseras me blâmer,
Et, jaloux de mon nom, croiras le diffamer !
Mais veux-tu qu'un moment, dissipant la fumée
Dont l'encens des flatteurs grossit ta rénommée,
Au miroir éternel que tient la Vérité,
Je découvre ton sort dans la Postérité.

Si l'ardeur de briller en tout genre d'écrire,
La licence à penser, l'audace de tout dire,
L'art de tout effleurer sans approfondir rien,
Et de faire beaucoup, au lieu de faire bien ;
La fureur d'étaler de l'esprit sans mesure,
De cacher sous le fard les traits de la nature,
De sacrifier tout à de vains ornemens
Qui semblent mandier les applaudissemens;
En un mot, si l'esprit, avec toute sa suite,
L'Antithèse sur-tout, sa vive favorite,
Le clinquant merveilleux pour éblouir les sots,
Et le fatras pompeux monté sur les grands mots;

(a) Un homme d'esprit, voyant la rage & l'animosité avec laquelle M. D. V. parloit de la Religion, lui dit : *Il faut bien, M, D, V, qu'il y ait quelque chose de personnel entre J. C. & vous.*

Pouvoit, dans l'avenir, conferver tout fon luftre,
Tu devrois y briller au rang le plus illuftre :
Mais l'efprit s'ufe enfin fous la lime du temps :
Le feul génie a droit à des fuccès conftans.
L'avenir, éclairé dans fes libres fuffrages,
Ne les mefure point au nombre des ouvrages,
Et garde le laurier qu'aux auteurs il promet,
Non pour le plus fécond, mais pour le plus parfait.

 Toi, Voltaire, entaffant volume fur volume,
Jamais rien d'achevé n'eft forti de ta plume.
Voit-on, dans tes écrits à la hâte jettés,
Ces traits profondément conçus & médités,
Où l'efprit, arrêté par un charme fidelle,
Découvre, chaque jour, quelque beauté nouvelle,
Et qui, de la nature, en tout tems, avoués,
Chez nos derniers neveux feront encor loués ?
Tes ouvrages font faits pour ton Siécle frivole.
Tes défauts complaifans t'en ont rendu l'idole ;
Mais qui veut trop complaire à la frivolité
Arrive rarement à l'immortalité.
Que dis-je ? tes défauts, couverts de quelque grace,
Du faux goût, à ton Siécle, ont fait prendre la trace.
Des plats imitateurs le fervile troupeau
En foule, fe jettant dans ce chemin nouveau,
Embraffent tes erreurs qui, fous leurs mains pefantes,
Perdent ce fard brillant, ces couleurs féduifantes,

Dont ton pinceau léger sçait masquer leur laideur.
　Chacun, dans tes travers, te suit avec ardeur.
C'est de toi que l'on prit la facile méthode
De bannir, sans façon, toute régle incommode,
De se faire, à son gré, soi-même, un nouvel art,
D'avoir, loin du bon sens, chacun son *genre à part*;
D'imaginer sans cesse une sottise rare,
Et, pour se distinguer, tâcher d'être bizare.
Sous ta plume, changeant de nature & de ton,
Chaque genre n'a plus rien à soi que son nom.
Grace à tes soins, la noble & simple Tragédie
Devient une incroyable & vaine Rapsodie
D'incidens merveilleux sans raison amenés,
Et de lambeaux sans suite & sans ordre, enchaînés.
Chez toi, la Comédie est un monstre grotesque,
Ici triste & pleureur, là bouffon & burlesque.
L'Epopée, une Histoire, un récit d'actions;
Et l'Histoire, un tissu de vaines fictions.
　Pourvû qu'un trait saillant, à chaque instant,
　　　pétille,
Que d'éclairs imprévus le stile éclate & brille;
Qu'importe de choquer & bon sens & raison!
On amuse la foule, il suffit; tout est bon.

　Voltaire, c'est ainsi que tes beautés fragiles
De ton Siécle ébloui charment les yeux débiles;
Et que, du vrai talent méconnoissant le prix,
On rabaisse à tes piés de sublimes esprits:

Mais crains que, pour venger leur gloire combattue,
L'avenir, à son tour, ne brise ta Statue.
(a) Crains sur-tout, qu'à la fin, au Parnasse François,
Chacun te demandant compte de tes succès,
Ne se trouve en lambeaux, par-tout, dans tes
 ouvrages ;
Et que, tous ces oiseaux reprenant leurs plumages,
De furtives couleurs le Corbeau dépouillé,
Ne soit des Spectateurs sislé, mocqué, raillé.
Adieu : car aussi-bien je vois, à ce langage,
Dans tes yeux pétillans étinceler la rage.
Apprens à respecter tes maîtres au tombeau,
Et que, tout mort qu'il est, il faut craindre Boileau.

(a) *Quid mihi Celsus agit? monitus, multùmque monendus*
 Privatas ut quærat opes, & tangere vitet
 Scripta Palatinus quæcumque recepit Apollo;
 Ne, si fortè suas repetitum venerit olim
 Grex avium plumas, moveat cornicula risum
 Furtivis nudata coloribus. (Horat. Epist. III. lib. 1.)

www.ingramcontent.com/pod-product-compliance
Lightning Source LLC
Chambersburg PA
CBHW060554050426
42451CB00011B/1896